HUNDETAGEBUCH

FALLS SIE DIESES BUCH GEFUNDEN HABEN, BITTE
HIER MELDEN:

DOG
KINGS

HUNDE INFOS

HIER IST PLATZ FÜR EIN FOTO

🐾 NAME: ....

🐾 RASSE:..

🐾 ALTER:..

DATUM

DATUM

DATUM

DATUM

DATUM

DATUM

DATUM

DATUM

DATUM

DATUM

DATUM

DATUM

DATUM

DATUM

DATUM

DATUM

DATUM

DATUM

DATUM

DATUM

DATUM

DATUM

DATUM

DATUM

DATUM

DATUM

DATUM

DATUM

DATUM

DATUM

DATUM

DATUM

DATUM

DATUM

DATUM

DATUM

DATUM

DATUM

DATUM

DATUM

DATUM

DATUM

DATUM

DATUM

DATUM

DATUM

DATUM

DATUM

DATUM

DATUM

DATUM

DATUM

DATUM

DATUM

DATUM

DATUM

DATUM

DATUM

DATUM

DATUM

DATUM

DATUM

DATUM

DATUM

DATUM

DATUM

DATUM

DATUM

DATUM

DATUM

DATUM

DATUM

DATUM

DATUM

DATUM

DATUM

DATUM

DATUM

DATUM

DATUM

DATUM

DATUM

DATUM

DATUM

DATUM

DATUM

DATUM

DATUM

DATUM

DATUM

DATUM

DATUM

DATUM

DATUM

DATUM

DATUM

DATUM

DATUM

DATUM

DATUM

DATUM

DATUM

DATUM

DATUM

DATUM

DATUM

</p>

Impressum:
Jonathan Kuhla
Tempelhofer Ufer 15
10963 Berlin

mail: jonathankuhla@gmail.com

9 798602 170313